AF257665

DU COMMERCE

ET

DE SES TRAVAUX PUBLICS,

EN ANGLETERRE ET EN FRANCE,

DISCOURS PRONONCÉ LE 2 JUIN 1823,
DANS LA SÉANCE PUBLIQUE DE L'ACADÉMIE DES SCIENCES;

PAR CH. DUPIN,

Membre de l'Institut de France et de la Légion-d'Honneur,
Officier supérieur au corps du Génie maritime, etc.

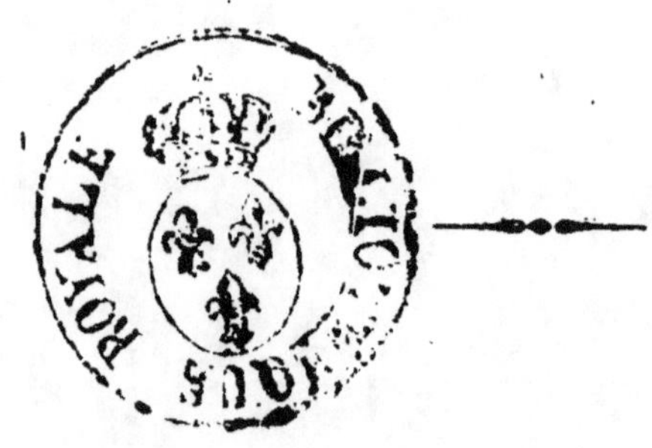

PARIS,

BACHELIER, LIBRAIRE, SUCCESSEUR DE Mme. Ve. COURCIER,
QUAI DES AUGUSTINS, N°. 55.

1823.

Septième discours. *Inauguration de l'amphithédtre du Conservatoire des Arts et Métiers*, in-8°., 1822,   1 fr. 25 c.

Huitième discours. *Influence du Commerce, sur le savoir, sur la civilisation des peuples anciens, et sur leur force navale*, in-8°. 1822,   1 fr. 25 c.

Réponse au discours de mylord Stanhope, sur l'occupation de la France par l'armée étrangère; imprimée à Londres et à Paris, 1818.

Examen des travaux de César au siége d'Alexia, œuvre posthume de Léopold Vaccà Berlinghietri, avec la vie de cet auteur, par Ch. Dupin, in-8°., 1812,   3 fr.

Essai historique sur les services et les travaux scientifiques de Gaspard Monge, in-8°. et in-4°., 1819,   4 fr. 50 c. et 7 fr. 50 c.

Développements de Géométrie, avec des applications à la stabilité des vaisseaux, aux déblais et remblais, au défilement, à l'optique, etc., pour faire suite à la Géométrie descriptive et à la Géométrie analytique de Gaspard Monge, in-4°., 1813,   15 fr.

Applications de Géométrie à la Marine et aux ponts et Chaussées; pour faire suite aux *Développements de Géométrie*, in-4°. Paris, 1822,   15 fr.

Analyse du Tableau de l'Architecture navale aux dix-huitième et dix-neuvième siècles, in-4°, 1815,   1 fr. 50 c.

Du rétablissement de l'Académie de Marine, in-8°., 1815, 1 fr. 50.

Mémoires sur la Marine et les Ponts et chaussées de France et d'Angleterre, contenant deux relations de voyages faits par l'auteur dans les ports d'Angleterre, d'Écosse et d'Irlande, durant les années 1816, 1817 et 1818; la description de la jetée de Plymouth et du canal calédonien, etc., in-8°., 1818. (*L'édition est épuisée.*)

AVANT-PROPOS.

Lᴇs peuples éloignés de toutes les mers, n'ont rien à craindre des flottes de l'Angleterre ; plus de peuples encore n'ont rien à craindre de ses armées ; mais tous éprouvent, à chaque instant, l'action de son commerce, ou par des bienfaits, ou par des dommages. L'intérêt du genre humain est de connaître une industrie dont les succès et les revers, ont sur la destinée des nations, cette influence universelle. La grandeur d'un tel intérêt nous a fait redoubler de zèle et de travail, afin de rester le moins possible au-dessous d'un but trop élevé pour notre portée. Nous avons essayé d'approfondir la nature et les moyens d'une force commerciale étrangère, pour découvrir le principe de ses prospérités, importer ce principe dans notre pays, et l'offrir en même temps à toutes les autres contrées. Tel est l'objet que nous voudrions atteindre, en publiant la troisième partie de nos *Voyages dans la Grande-Bretagne.*

Nous avons regardé comme utile de résumer en peu de paroles, les principaux résultats d'une pénible entreprise, et nous avons composé ce discours. Nous le faisons paraître, dans le dessein de présenter, aux hommes qui n'ont ni le temps ni la volonté de suivre un long ouvrage didactique, le petit nombre de faits et de pensées qu'il importe de fixer dans la mémoire et d'imprimer dans la conviction de tous les citoyens, pour arriver au bien public par la persuasion générale.

Pouvant chérir la patrie sans haïr les autres peuples, et ne pouvant oublier l'équité, même envers ceux qui trop de fois l'oublient à notre égard, nous voulions surtout montrer en eux ce qu'il est utile d'imiter. Sans doute il serait plus populaire de célébrer seulement nos belles entreprises, et les grands souvenirs qui sont l'héritage de notre gloire. « Il est aisé, dit Socrate, par la voix de son plus éloquent élève *, de faire entendre et goûter au sein d'Athènes, le panégyrique d'Athènes. » Nous avons essayé d'y faire entendre le panégyrique de Sparte : non par un lâche désir d'exalter qui nous envie, pour nous ravaler nous-mêmes ; mais pour nous exciter à remporter des triomphes nouveaux, afin de ne pas descendre de ce poste d'honneur où les travaux de nos pères ont élevé la patrie, entre les nations les plus illustres.

---

* Platon, dialogue de Menexenos.

Nous n'avions pas compté vainement sur la noble patience de nos auditeurs auxquels, sans le vouloir, un critique a rendu le plus flatteur des hommages ! « On n'eût pas osé, dit-il, faire ainsi notre éloge, en présence des plus illustres assemblées du peuple insulaire dont on nous vante les travaux. » C'est avouer que ce peuple, s'il nous dispute la palme à plus d'un égard, nous cède en générosité du cœur.

Au sein de la Société royale de Londres, nous n'oserions pas, assure-t-on, prononcer l'éloge des travaux de la France. Eh bien ! nous l'avons fait. En 1817, dans le palais de Sommerset, où siége l'académie qu'a présidée Newton, nous avons réclamé, au nom de nos ingénieurs et de nos savants, la première idée et le premier honneur des plus beaux perfectionnements d'un art sur lequel l'empire britannique asseoit en partie la sécurité de sa puissance : l'architecture navale. Pour noble réponse à cette réclamation, la Société royale a publié, dans ses Transactions philosophiques, le Mémoire par lequel nous défendions ainsi les droits du génie français. Alors, il est vrai, quelques journaux britanniques en ont fait un crime à cette illustre académie; mais tous les esprits élevés et généreux ont rendu justice à la dignité si équitable d'un tel procédé.

Il ne faut pas croire qu'en Angleterre, le public soit incapable de souffrir qu'on fasse devant lui l'apologie de la France, quand elle est dictée par le sentiment de la vérité. Nous l'avons osé faire, lorsque dans la chambre des pairs du parlement britannique, lord Stanhope a proposé de prolonger pour notre patrie, les fléaux de l'Occupation à main armée. Ajoutons que s'il y eût de notre part le moindre mérite, en remplissant un devoir aussi naturel, ce ne fut pas à publier en Angleterre, la défense de la France et la menace de nos ressources ; mais sur le continent, en présence des baïonnettes étrangères et des passions européennes. Voilà quelle est l'anglomanie dont on peut nous accuser.

DU COMMERCE

ET

DE SES TRAVAUX PUBLICS,

EN ANGLETERRE ET EN FRANCE.

Δικαίου πολίτου κρίνω τὴν τῶν πραγμάτων σωτηρίαν
ἀντὶ τῆς ἐν τῷ λέγειν χάριτος αἱρεῖσθαι *.

Ολυνθιακ. τρίτος. Δημοσθ.

***

Pour analyser avec ordre les éléments qui composent la puissance britannique, on a d'abord examiné les institutions et les travaux de la *Force militaire* et de la *Force navale*. On a montré les moyens offensifs et les moyens défensifs d'un pays que la nature a séparé du reste de la terre par les obstacles de la mer, et que l'art nautique environne de remparts jusqu'à présent inexpugnables ; de remparts qui servent aussi pour l'attaque, qui portent des armées d'un hémisphère à l'autre, et qui, près des

---

* Je juge qu'il est d'un vrai citoyen, de préférer le salut des intérêts publics, à la faveur que procure un langage adulateur. Démosthènes, 3ᵉ. *Olynthiaque.*

1

côtes les plus lointaines, trouvent encore l'Angleterre.

L'ambitieuse et prudente Angleterre tient
aux abords de tous les continents, des postes
avancés qui, selon sa fortune, sont tour à tour
des points d'appui pour la conquête, des centres de refuge pour la retraite, et toujours des
foyers d'entreprise pour un commerce qui brave
tous les périls et ne connaît aucun repos.

Arrêtons-nous à ce spectacle, sans exemple
dans l'histoire des nations.

En Europe, l'empire britannique touche à la
fois, vers le nord : au Danemarck, à l'Allema-
gne, à la Hollande, à la France; vers le sud : à
l'Espagne, à la Sicile, à l'Italie, à la Turquie
occidentale. Il possède les clefs de l'Adriatique
et de la Méditerranée; il commande à l'issue de
la mer Noire, comme à l'issue de la Baltique.
Un moment sa marine, arbitre de l'Archipel,
a cessé d'être adverse à la Grèce; et, soudain,
les ports du Péloponnèse ont retrouvé leurs li-
bérateurs, dans la postérité des Héraclides; et,
de Corinthe à Ténédos, la mer qui conduit au
Bosphore, est devenue pour les enfants des Ar-
gonautes, le chemin de la victoire et d'une autre Toison-d'Or : l'indépendance nationale! En
Europe, l'empire britannique tolère cette conquête.

En Amérique, il borne la Russie, du côté du

pôle ; et les États-Unis, du côté des régions tempérées. Sous la zone torride, il domine au milieu des Antilles, cerne le golfe du Mexique, et se trouve en présence des nouveaux états qu'il a le premier soustraits à la dépendance de leur mère-patrie, pour les ranger plus sûrement sous la dépendance de son industrie mercantile. En même temps, afin d'épouvanter, dans les deux mondes, tout mortel qui tenterait de lui ravir le flambeau de son génie et le secret de ses conquêtes, il tient en sa garde, entre l'Afrique et l'Amérique, sur le chemin de l'Europe à l'Asie, le rocher où ses mains ont enchaîné le moderne Prométhée.

En Afrique, du sein de l'île consacrée jadis, sous le symbole de la croix, à la sûreté de tous les pavillons chrétiens, l'empire britannique impose aux Barbaresques le respect de sa seule puissance. Du pied des colonnes d'Hercule, il porte l'effroi jusqu'au fond des provinces du Maure. Sur les bords de l'Atlantique, il a bâti les forts de la Côte-d'Or et de la montagne du Lion * : c'est de là qu'il fond sur la proie arrachée aux races noires par les races européennes ; et c'est là qu'il attache à la glèbe les affranchis qu'il ravit à la traite. Sur le même continent, par-delà les tropiques,

---

* Sierra Léone.

et dans la partie la plus avancée vers le pôle austral, il s'est emparé d'un abri, sous le cap des tempêtes. Aux lieux où l'Espagnol 'et le Portugais n'avaient aperçu qu'une relâche, et le Hollandais qu'une plantation, il colonise un nouveau peuple britannique; et joignant l'activité de l'Anglais à la patience du Batave, en cet instant, autour de Bonne-Espérance, il recule les bornes d'un établissement qui grandira dans le sud de l'Afrique, à l'égal des états qu'il a fondés dans le nord de l'Amérique. De ce nouveau foyer d'action et de conquête, il étend ses regards sur la route de l'Inde; il découvre, il envahit les stations qui conviennent à sa marche commerciale; et se rend ainsi, dominateur exclusif des échelles africaines du levant d'un autre hémisphère.

Enfin, aussi redouté sur le golfe Persique et dans la mer Érythrée, que sur l'océan Pacifique et dans l'archipel de l'Inde, l'empire britannique, possesseur des plus belles contrées de l'orient, voit régner ses facteurs sur soixante millions de sujets. Les conquêtes de ses marchands commencent, en Asie, où s'arrêtèrent les conquêtes d'Alexandre, où ne put arriver le dieu Terme des Romains! Aujourd'hui, des rives de l'Indus aux frontières de la Chine, et des bouches du Gange aux sommités du Thibet, tout reconnaît la loi d'une compagnie mercantile, confinée dans une étroite rue de la cité de Londres.....

Ainsi, d'un centre unique, par la vigueur de ses institutions, et par l'état avancé de ses arts civils et militaires, une île qui, dans l'archipel Océanique, serait à peine comptée au troisième ordre, fait sentir l'effet de son industrie et le poids de sa puissance, à toutes les extrémités de quatre parties du monde; en même temps qu'elle peuple et civilise une cinquième partie qui suivra ses lois, parlera sa langue, et recevra ses mœurs et son négoce, avec ses arts et ses lumières.

Cette immense dispersion de colonies et de provinces, qui ferait la faiblesse et la ruine de toute autre nation, fait le salut et la force du peuple britannique. C'est parce que l'Angleterre est séparée de ses provinces extérieures, par d'énormes distances, qu'elle n'est point vulnérable avec elles; c'est parce que ces provinces se trouvent séparées l'une de l'autre, par d'aussi grands intervalles, qu'elles ne sauraient à la fois succomber sous les coups d'un seul adversaire. Les attaquer est difficile, les bloquer est impossible. Pour satisfaire aux besoins de l'industrie, du trafic et du gouvernement, entre la métropole et des possessions dispersées sur les bords de toutes les mers, il faut, même au milieu de la paix, un grand nombre de navires;

et ces navires, faisant voile au premier signal, vers le point menacé, y portent des renforts et des secours qui le rendent imprenable, soit par force, soit par famine.

Sans doute, en chacune de ses possessions lointaines, l'Angleterre ne saurait résister seule au voisin le plus puissant. Mais, partout, le plus formidable des peuples est pour les autres l'objet de l'envie, et d'une haine cachée sous la peur. Or une industrie savamment exploitée par l'Angleterre, est l'art de changer en hostilité déclarée, la secrète inimitié des nations limitrophes. C'est encore un intérêt que lui rapportent les trésors de son négoce.

Quant aux peuples qui ne sont pas établis aux frontières de ses possessions, la sphère de leur action est bien plus rétrécie que celle de son influence. Aucun d'eux ne saurait soutenir la lutte avec la Grande-Bretagne, sur un champ de bataille également éloigné des deux mères-patries ; parce qu'aucun peuple n'a d'aussi grands moyens pour transporter rapidement, au loin, ses armes et ses défenseurs : telle est la supériorité de la Force commerciale. Un grand exemple rendra plus frappante cette vérité qu'on n'a point assez reconnue.

On voit le peuple romain s'attacher à la terre, comme un mineur opiniâtre ; s'avancer, à la sape, et de parallèle en parallèle, pour prendre, par degrés, tous les postes militaires de l'ancien monde. Il a mis huit cents ans à poursuivre le siége de l'Univers. Enfin, des obstacles insurmontables ont mis un terme à ses envahissements. Sa force d'aggression s'est brisée, devant la fuite du Parthe, et contre la résistance du Germain. Il s'est arrêté de lassitude, avant d'arriver à l'Indien. L'empire, alors, resta comme accablé sous le fardeau de sa grandeur. Sa défense exigea des armées plus nombreuses que n'en avaient exigé ses conquêtes. Néanmoins ces nuées de soldats, disséminées sur une immense frontière, sans voies, sans ressources rapides et faciles de transport et de concentration, se trouvèrent partout isolées et faibles. Les guerriers ne suffisant plus, il fallut des fossés et des murailles, pour mettre l'empire des Scipions et des Césars, à l'abri d'un coup de main des Barbares ! Mais ces barrières ne valent que par les hommes armés pour les défendre ; elles ne purent arrêter l'irruption violente des peuples les plus ignorants dans l'art de la guerre. L'empire comprimé de toutes parts, se resserra plus vite qu'il ne s'était étendu ; il repassa par les limites de tous ses agrandissements, jusqu'à son entière destruction.

Avec une industrie commerciale et maritime, comparable à celle de l'Angleterre, Rome, au lieu d'immobiliser ses forces offensives, aurait rendu mobiles même ses forces défensives, les aurait portées à temps sur chaque point menacé; et, partout, se serait montrée supérieure aux aggressions isolées, intermittentes, des populations étrangères aux ressources de la civilisation. L'empire britannique a donc, en lui-même, un principe de résistance, qui manquait à l'empire des Romains : ce principe est celui de la *Force commerciale.*

Il fut un temps où mesurer dans sa grandeur véritable, la puissance d'un peuple rival, et révéler cette mesure, eût fait voir dans l'ami de ses concitoyens, l'ennemi de leur gloire, et le contempteur de la supériorité d'une patrie qui voulait rester aveuglée! Les complaisants des nations, dangereux et corrupteurs, autant que les adulateurs des rois, montraient aux peuples du continent, la domination de l'insulaire, comme arrivée au bord de sa ruine, et descendant enfin de sa hauteur; alors même qu'elle creusait des abîmes, pour y cacher les fondements d'une force toute nouvelle...

Aux yeux du sage, la puissance des nations est un fait, qu'il étudie, comme un naturaliste étudie un phénomène, comme le géomètre étudie les vérités mathématiques : pour en connaître les principes, et pour en découvrir les conséquences. Telle est la philosophie qui doit guider le voyageur, s'il veut donner à ses récits l'autorité de l'histoire; ou plutôt, s'il veut rappeler l'histoire à sa noble origine, la replacer au rang des sciences d'observation, et la rendre ce qu'elle était au temps des Hérodote et des Xénophon, des Polybe et des Tacite : la science des choses et des lieux que soi-même on avait vus *.

Ce que l'empire britannique, observé dans cet esprit, doit de fortune à la Force commerciale, peu de mots ont suffi pour le faire comprendre. Mais quels moyens, quels travaux ont produit cette force elle-même? Des travaux pareils, des moyens analogues, pouvaient-ils élever d'autres peuples au même degré de puissance? Le peuvent-ils encore! Voilà ce qu'il nous importe de savoir : comme Français, pour l'avantage de la France; comme amis de toute l'humanité, par ce juste et généreux sentiment qui nous fait prendre intérêt, à la dignité, à la paix, à l'indépendance, au bonheur de toutes les nations; quel que soit l'endroit du globe où la nature ait placé le siége de leur patrie.

Inspirés par ces grands motifs, vous vou-

---

* Καθ' ἱστορίαν πλανηθῆναι : *Ad visenda loca et mores hominum cognoscendos peragrare :* voyager en historien, pour connaître les lieux et les choses, les hommes et leurs mœurs. Telle était l'idée que Plutarque se faisait du véritable esprit des voyages.

drez connaître les causes de la prospérité commerciale de l'Angleterre : gardez-vous de les voir uniquement dans les déceptions de la ruse, et dans les abus de la force.

Les succès obtenus dans le gouvernement des arts, sont pareils aux succès obtenus dans le gouvernement des hommes. On peut y conquérir par la fraude, par la surprise et par la violence; on ne peut s'y soutenir que par des voies opposées. Ce n'est pas seulement le courage, et l'intelligence, et l'activité, c'est la sagesse, et l'économie, et surtout la probité de l'homme industrieux, qui maintiennent la supériorité des productions et du commerce de son pays. Si jamais, dans les îles britanniques, l'utile citoyen perdait ces vertus, soyez certains que pour l'Angleterre, comme pour toute autre contrée, malgré la protection des flottes militaires les plus formidables, malgré la prévoyance et les secours de la diplomatie la plus étendue et de la politique la plus profonde, bientôt, les navires d'un commerce dégénéré, repoussés de tous les rivages, disparaîtraient des mers qu'ils couvrent aujourd'hui des trésors de l'univers, échangés contre les trésors de l'industrie des trois royaumes.

Il faut pénétrer plus avant dans la connaissance d'un caractère auquel le commerce britannique doit ses prospérités les plus étonnantes. Observez ce caractère, imprimant l'impulsion à la pensée autant qu'à l'action des individus, excitant une ardeur irrésistible, insatiable, de devancer tout rival, et surtout d'écraser l'étranger par une concurrence à la fois personnelle et nationale ; eh ! quels moyens pour atteindre ce but ! Une activité froide, et continue, et méthodique ; une audace méditée, qui fait tenter au spéculateur, tout ce que la prévoyance, et je dirais presque la divination des calculs, montre comme offrant au total moins de chances de revers que de succès. Ajoutez à ces qualités, une persévérance dans les entreprises communes ou privées, qui tient à la stabilité des institutions, d'où naît, à la longue, la constance des caractères : et tant de vertus énergiques, exerçant sur les âmes une action dont le premier ressort est un esprit public inspiré par l'excellence de l'ordre public, et par la protection inviolable des lois les plus chéries.

A ces causes morales, ajoutez encore des règles d'économie politique et domestique, favorables à tous les intérêts, stimulantes pour toutes les industries, encourageantes pour tous les talents.

Quant aux causes matérielles, nous placerons d'abord les voies publiques et les établissements, qui facilitent les transports et les dépôts, à l'intérieur et dans le voisinage des côtes, l'art même des transports et celui des échanges ; enfin, la création des produits d'industrie, qui sont la matière de ces échanges.

Nous commencerons par décrire les travaux exécutés pour rendre, sur chaque point de la Grande-Bretagne, rapides, faciles et d'une faible dépense, les communications et les voyages du commerce intérieur : travaux qui, pour ainsi dire, ont rapproché des côtes et des ports, tous les centres de production établis par l'industrie dans le sein des trois royaumes ; en même temps que les progrès et l'économie de la navigation, rapprochaient ces royaumes de tous les continents où peuvent aborder les pavillons britanniques.

Après avoir suivi les produits de l'industrie anglaise, jusqu'aux rivages de la mer, par toutes les voies des communications intérieures, nous les suivrons sur les vaisseaux, à travers les océans. Nous aborderons, avec la marine d'Albion, chez tous les peuples qui trafiquent avec elle. Nous examinerons cette lutte, en apparence pacifique, qui subsiste sans cesse, entre le commerce de l'Angleterre et celui des autres nations. Chaque peuple nous offrira le spectacle d'un nouveau genre de combat. Nous verrons l'un s'élever à la concurrence par sa prudence et son économie ; l'autre par la délicatesse et le bon goût de ses produits ; un autre encore par son audace et son activité. Mais nous les verrons, la plupart, devenir inférieurs et demeurer vaincus, pour n'avoir pas su combattre avec tous ces moyens réunis. Alors nous connaîtrons ce qu'il y a de fortuit dans la grandeur maritime et commerciale de l'empire britannique, et ce qu'on trouve en elle, de prévu, de calculé, de nécessaire. Nous ne saurons pas seulement dénombrer les valeurs actuelles des ventes, et des acquisitions territoriales ou mercantiles ; ces données nous aideront à découvrir dans le passé, les conséquences qu'il aura sur l'avenir. Comme un disciple d'Archimède, apprend à mesurer la stabilité des vaisseaux, d'après la connaissance de leur grandeur et de leur forme, suivant l'action de leur charge, de leurs voiles et de leur gouvernail, ainsi nous apprendrons à mesurer la stabilité de la puissance britannique, d'après la connaissance de ses ressources physiques et de sa population, suivant l'action combinée, de ses institutions et de ses lois.

L'ordre que nous adoptons dans l'examen de la Force commerciale de l'Angleterre, en commençant par étudier et décrire les travaux qui la favorisent et la développent au centre même de l'état, pour la suivre par degrés jusqu'aux rives les plus lointaines, cet ordre est le seul dont l'exemple doive être offert à la France.

C'est l'intérieur qu'il faut avant tout vivifier, pour l'animer d'une énergie qui puisse ensuite, au dehors, nous mettre à notre place, sur tous les points du globe, où notre industrie commerçante ira répandre ses bienfaits.

Un tel ordre, cependant, est l'opposé de celui qu'ont suivi les Anglais, dans leurs efforts pour s'emparer du négoce de l'univers. Ainsi nous l'apprend leur histoire.

Au commencement du 17ᵉ. siècle, l'Angleterre possède à peine des routes praticables, elle n'a point de canaux ; mais les mers ont des canaux et des routes, immenses, comme l'espoir et les désirs de l'Angleterre. Dans les ports britanniques, l'art n'ajoute rien encore aux présents de la nature ; et déjà la reine Élisabeth a fait explorer l'univers, par les vainqueurs de la Grand-Armada ; déjà les Anglais ont formé, sous les auspices de leur illustre souveraine, la Compagnie des Indes orientales, instituée pour exploiter un commerce connu, et la Compagnie des mers du nord, instituée pour la découverte et l'acquisition des commerces encore ignorés. Ainsi le peuple-roi, fidèle au culte de son ambition, érigeait dans le Panthéon des divinités conquises, un autel aux Dieux inconnus, c'est-à-dire, aux Dieux à conquérir.

Les troubles intérieurs qui suivirent de près le règne d'Élisabeth, portèrent au dehors, avec une ardeur nouvelle, l'énergie et l'activité des citoyens industrieux; et les échanges lucratifs du commerce extérieur furent considérés comme les sources les plus fécondes de la richesse publique et particulière, comme l'élément de la suprématie du peuple britannique. De là ces immenses efforts pour dominer sur la mer, et pour acquérir la prépondérance aux abords de tous les continents.

Mais une puissance ainsi jetée au delà du territoire qui lui servait de point d'appui, n'avait pas en elle-même les gages de sa durée, et les garanties de ses prospérités. La guerre pouvait lui ravir ce qu'elle devait à la guerre; et l'industrie maritime des puissances rivales, ce qu'elle devait à sa propre industrie maritime.

Un de ces génies qui naissent pour asseoir, sur de nouveaux fondements, la destinée des empires, un ministre qui serait sans égal dans son siècle, s'il eût été probe envers l'étranger, comme il le fut envers ses concitoyens, lord Chatham entreprit de transplanter sur le sol même de la patrie, les racines de la puissance extérieure de l'Angleterre. Il voulut mettre la fortune des citoyens, et par conséquent la fortune de l'état, à l'abri des chances et des nécessités de la guerre. Toujours fidèle à ses engagements avec les particuliers, il osa faire du crédit une arme pour les combats. Il coalisa les forces individuelles avec la force publique, et la politique des cours avec les ressources des arts; afin d'attaquer, par toutes les voies, la puissance et la richesse des peuples rivaux. En un mot, la guerre elle-même, comme la paix et les traités, entreprise et poursuivie dans un but purement industriel, eut la victoire pour moyen, la conquête pour circonstance, le calcul pour auxiliaire, et le commerce pour objet principal.

Dans la salle où les corporations mercantiles de la cité de Londres tiennent leurs assemblées générales, j'ai lu sur le piédestal du monument érigé par leur reconnaissance, à la mémoire de Chatham, cette inscription qui m'a fait une impression profonde :

Au ministre qui, le premier, a découvert le moyen de faire fleurir le commerce et l'industrie, DURANT LA GUERRE, *encore plus que durant la paix !*

Il faut montrer les résultats de cette étonnante conception.

C'est sous le ministère de Chatham, au milieu même de la guerre de sept ans, qu'on voit commencer tous les grands travaux intérieurs utiles au commerce, et qui sont aujourd'hui l'admiration de l'étranger. En 1756, l'Angleterre ne possédait pas une seule ligne de navigation artificielle; elle n'avait pour communications par terre qu'un petit nombre de routes mal tracées et mal entretenues.

Tout à coup, un particulier conçoit la pensée de profiter du mouvement général imprimé à l'industrie, pour creuser un canal qui conduise à Manchester le produit de ses mines. Bientôt après, une ville qui prospère, et dont la richesse exubérante cherche partout des issues productives, Liverpool, s'élève à de plus hauts desseins. Elle entreprend d'ouvrir une voie navigable, entre la mer d'Irlande et l'Océan germanique. D'autres voies, plus étendues encore, sont par degrés établies; et, dans le court espace d'un demi-siècle, afin d'unir ensemble, des mers opposées, des bassins séparés par des chaînes nombreuses de collines et de montagnes, des ports opulents, des villes industrieuses, des campagnes fertiles et des mines inépuisables, un double système de canaux, pour la petite et pour la grande navigation, présente un développement qui surpasse mille lieues de longueur, sur une portion de territoire qui n'est pas égale au quart de la France.

Pour distribuer les eaux nécessaires à la vie des habitants, et le gaz qui produit cette lumière si brillante et si pure qu'elle apparaît en nos cités, durant les nuits les plus profondes, comme une aurore anticipée, les canaux et les conduits se ramifient, dès à présent, dans une étendue

de quatre cents lieues, sous le pavé de Londres.

Les communications à ciel ouvert sont l'objet
d'une même sollicitude. Les chemins existants
déjà sont élargis et reconstruits avec plus d'art,
entretenus avec plus de soin; des voies nouvelles sont livrées au commerce, et l'on forme
un système de routes dont la longueur totale,
est aujourd'hui supérieure à quarante-six mille
lieues, dans la seule Angleterre.

Tandis que ces prodiges s'opèrent, des ports,
des bassins sont creusés pour contenir les navires; des môles, des jetées, des phares, nou-
vellement établis, augmentent la sécurité des
abords, et l'abri de tous les mouillages, sur
plus de six cents lieues de côtes. Grâces à ces
travaux, en ce moment, vingt-deux mille trois
cents navires marchands, montés par cent
soixante mille hommes, et capables de porter
deux millions de tonneaux de marchandises,
suffisent à peine, au transport de côte en côte,
à l'exportation maritime du superflu de la circulation intérieure, et à l'importation des produits étrangers nécessaires pour entretenir cette
immense circulation.

Voilà le progrès dont l'origine remonte au
milieu de la guerre de sept ans; progrès que
la guerre si désastreuse contre les colonies
d'Amérique, a ralenti, sans pouvoir l'inter-

rompre; progrès qui tout à coup s'est ranimé, par l'abandon de ces mêmes colonies; progrès qui, surtout, a pris une marche gigantesque durant les guerres si acharnées et si longues de la république, du consulat et de l'empire français.

C'est ainsi que l'Angleterre florissait au dedans, lorsque ses sacrifices au dehors nous semblaient accélérer sa ruine et préparer sa chute. C'est ainsi que depuis la paix même, entrant, contre tous les peuples, dans une guerre d'industrie; animée de sa force commerciale intérieure, comme un être vivant l'est de sa force vitale, elle a renversé tous ses rivaux, à l'extrémité du nouveau monde ainsi qu'au cœur de l'ancien. Une fois supérieure dans cette lutte, elle jette son antique cuirasse, et fait tomber les remparts de ses prohibitions *. Elle ouvre ses ports aux étrangers et leur offre ses entrepôts **. Elle n'implore plus qu'une faveur de ses rivaux en industrie : c'est de descendre nuds comme elle, dans l'arène où ses exploits récents l'assurent de la victoire.

---

* Depuis trois ans, le parlement britannique révoque successivement les plus odieuses restrictions des lois fameuses, connues sous le nom d'Actes de navigation.

** Par la loi des entrepôts, Londres est destinée à devenir le rendez-vous des nations et le marché de l'univers.

Qu'a donc fait l'administration britannique pour produire, en aussi peu de temps, des travaux publics qui seuls ont rendu possibles les grands résultats dont nous venons d'offrir le tableau?—Rien... Elle a laissé faire au commerce, qu'elle a cru servir assez, en lui donnant protection à l'extérieur, justice partout, et liberté dans l'intérieur. Elle a laissé les fabricants, les propriétaires et les négociants, à grandes, à médiocres, à petites fortunes, conférer entre eux sur leurs besoins mutuels, sur les ouvrages qui leur seraient utiles, enfin sur les moyens d'entreprendre et d'exécuter eux-mêmes ces ouvrages.

De semblables travaux, qui donnent au commerce une prospérité nouvelle, ont en même temps l'avantage d'accroître la propriété foncière. Aux possessions territoriales que tout le savoir humain ne saurait étendre par-delà les bornes qu'a posées la nature, ils ajoutent des possessions industrielles, illimitées dans leur variété, leur richesse et leur grandeur : comme le génie qui leur donne l'existence. Ainsi, durant le court intervalle de soixante années, l'industrie commerciale a créé des valeurs inséparables du sol, pour cinq cents millions sur les routes, pour un milliard sur les fleuves et les canaux, et pour un autre milliard dans tous les ports et sur les rivages de la mer.

Ce n'est pas seulement croître en opulence que de faire ces nouvelles acquisitions. En devenant propriétaires des canaux, des routes, des ponts, des bassins, des quais, et des entrepôts nécessaires au commerce, les citoyens prennent à la fois l'intérêt stable qui s'attache à la possession des biens immeubles, et l'intérêt mobile qui change ou d'objet ou de lieu, suivant les spéculations et les vicissitudes du commerce extérieur. Un autre bienfait encore est produit dans la Grande-Bretagne, par ces créations de l'industrie.

Tandis qu'en Angleterre, d'antiques lois favorisent la concentration des héritages fonciers, dans un trop petit nombre de mains toutes-puissantes, il est d'autres mesures qui, pleines de sagesse, mettent souvent un terme à cet envahissement de la richesse, pour les propriétés d'association : frein salutaire, établi dans la vue de réparer les pertes déplorables que fait, sans cesse, le nombre des habitants qui conservent une part dans la possession du territoire.

En louant l'heureuse division des propriétés que le commerce a produites, si nous voulons rester dans les limites montrées par l'expérience et commandées par la justice, il ne faut pas considérer, en tout, comme un fléau, l concentra tion des fortunes, même agricoles. Ainsi que la plupart des établissements imparfaits, consolidés par une longue existence, l'inégale distribution des richesses territoriales nous présente un mélange de biens et de maux, qui, grâce à la bizarrerie des hommes et surtout à l'aberration de leurs intérêts privés, donne des apologistes aux abus les plus révoltants, et des détracteurs aux compensations les plus heureuses.

En Angleterre, il faut le dire, l'immense fortune de quelques particuliers contribue puissamment à l'entreprise, à l'exécution des travaux d'utilité commune, qui demandent, aux sociétaires unis pour cette entreprise et cette exécution, des avances considérables et de longs sacrifices. Les grands propriétaires ne sont pas les ennemis des perfectionnements et des inventions propices à l'industrie et favorables au commerce. Loin de porter envie aux succès de la classe laborieuse, ils engagent le peuple entier au travail, à la prévoyance, à l'économie, qui peuvent, en lui donnant l'aisance et le bonheur, le rendre indépendant et fier, comme doit l'être un peuple riche et libre *.

* Dans l'ouvrage que nous avons publié sous ce titre, *Système de l'Administration britannique*, en 1822, après avoir fait connaître les beaux résultats des banques d'épargne, favorisées également pour la classe ouvrière,

Maintes fois, les grandes familles d'Angleterre sont descendues elles-mêmes dans les rangs de l'industrie, pour acquérir de nouveaux titres de popularité, d'estime et d'*honneur*. C'est ainsi qu'elles ont su produire des travaux d'utilité générale qui semblent au-dessus des sacrifices d'une fortune privée.

Si vous parcourez les campagnes et les côtes de la Grande-Bretagne, vous découvrez en tous lieux, les monuments de cet esprit magnanime. Voulez-vous savoir quels ont été les créateurs

---

par la classe opulente et par le gouvernement, nous ajoutons : « Ainsi le ministère britannique, dans le compte qu'il fait rendre de ses actes, de ses vues et de ses pensées, déclare à la face des nations, qu'il met au rang des bienfaits de l'ordre public et des prospérités sociales, non-seulement le progrès des arts utiles, et l'activité des manufactures, et les ressources du commerce, et le bonheur des classes supérieures, qui dirigent les travaux; mais aussi le développement de l'indépendance physique et morale des classes inférieures, qui exécutent ces travaux. Il aime à compter parmi ses titres de gloire, les moyens d'élever, d'exalter le caractère national, en rendant plus heureuse et moins servile à tous égards, la condition des moindres citoyens. Sentiments dignes du ministère d'un peuple libre ! Sentiments qu'honorera de ses hommages tout homme qui met un prix à la dignité de l'espèce humaine. Sentiments qui méritent d'être offerts comme des modèles, à tout gouvernement qui veut marcher sur la route des prospérités nationales. »

de ce canal qui répand la vie et l'activité dans le voisinage et jusqu'au sein d'une grande ville manufacturière? — C'est un duc de Bridgewater, qui conçut et mit à terme cette belle entreprise. — Quels sont les créateurs de cette route en fer qui conduit à dix milles de distance, les produits d'une mine et les voyageurs d'un pays, jusqu'au bord de la mer, dans un port artificiel? Et quelle société puissante a construit les formes, les bassins, les môles et les édifices de ce port? — C'est un duc de Portland qui suffit seul à ces vastes travaux.

Si vous parcourez les plus belles cités de la Grande-Bretagne, vous trouverez de même, à chaque pas, des monuments d'utilité publique, élevés par la seule munificence de quelques particuliers opulents et généreux. Un simple marchand a bâti la Bourse de Londres. Un chevalier a construit à ses frais le grand aqueduc de la Nouvelle-rivière. Un Cavendish, un Bedford, ont créé sur leur propre terrain, dans les plus beaux quartiers de la métropole, des places aussi vastes que la place de Louis XV, des rues aussi régulières que la rue de Castiglione, et plus spacieuses encore que la rue de la Paix.

A la vue de ces nobles créations, vous demanderez, sans doute, à visiter les hôtels et les palais des patriciens et des plébéïens à royale fortune, auxquels sont dus de si grands travaux publics. Eh bien ! quand on vous indiquera les dehors et la situation des simples maisons qu'ils habitent, au sein de la capitale, vous aurez peine à distinguer leur demeure entre celles qui les entourent.

Ce contraste si frappant ne rappelle-t-il pas à notre pensée quelques traits de l'éloge prononcé par Démosthènes, sur les hommes fameux, dont les travaux, les vertus et la modération, répandirent tant d'éclat sur la florissante Athènes ?

« Tels ils furent à la tête des peuples de la Grèce, dit-il, en rappelant leurs services militaires et politiques. Or voyez, dans l'intérieur de la cité, ce qu'ils étaient et pour eux et pour l'état. Pour la patrie, ils ont fait de si vastes travaux ; élevé de tels édifices ; construit, embelli, avec tant de magnificence, un si grand nombre de nos temples ; consacré dans leurs sanctuaires, de si rares présents, des dépouilles si glorieuses, qu'ils n'ont rien laissé à surpasser à la postérité.... Pour eux-mêmes, ils furent si modérés, si fidèles aux mœurs de la république, que si quelqu'un cherchait dans la cité, les demeures d'Aristide et de Miltiade, et des autres hommes illustres de leur temps, il les trouverait simples et modestes comme celles de leurs moindres voisins. Car ce n'était pas pour augmenter leur opulence qu'ils aspiraient à diriger l'état, mais pour accroître la fortune publique. Loyaux envers les peuples de la Grèce, religieux envers les immortels, équitables envers leurs concitoyens; par une voie si certaine, ils montèrent au faîte du bonheur et de la prospérité *. »

Sans doute, un si magnifique éloge, qui n'appartint qu'aux plus beaux temps d'un siècle tout héroïque, ne peut s'appliquer qu'en partie aux hommes puissants ** de la Grande-Bretagne; mais il rappelle du moins quelques-unes de leurs vertus, et quelques-uns de leurs efforts pour ajouter à la splendeur, à la richesse, à la civilisation de leur patrie.

---

* Ἐπὶ μὲν δὴ τῶν Ἑλληνικῶν ἦσαν τοιοῦτοι· ἐν δὲ τοῖς κατὰ τὴν πόλιν αὐτὴν θεάσασθε ὁποῖοι, ἔν τε τοῖς κοινοῖς καὶ τοῖς ἰδίοις. Δημοσίᾳ μὲν τοίνυν οἰκοδομήματα καὶ κάλλη τοιαῦτα καὶ τοσαῦτα κατεσκεύασαν ἡμῖν ἱερῶν καὶ τῶν ἐν τούτοις ἀναθημάτων, ὥστε μηδενὶ τῶν ἐπιγιγνομένων ὑπερβολὴν λελεῖφθαι· ἰδίᾳ δ' οὕτω σώφρονες ἦσαν καὶ σφόδρα ἐν τῷ τῆς πολιτείας ἤθει μένοντες, ὥστε τὴν Ἀριστείδου, καὶ τὴν Μιλτιάδου, καὶ τῶν τότε λαμπρῶν οἰκίαν εἴ τις ἄρα οἶδεν ὑμῶν ὁποία ποτ' ἐστίν, ὁρᾷ τῆς τοῦ γείτονος οὐδὲν σεμνοτέραν οὖσαν· οὐ γὰρ εἰς περιουσίαν αὐτοῖς ἐπράττετο τὰ τῆς πόλεως, ἀλλὰ τὸ κοινὸν αὔξειν ἕκαστος ᾤετο δεῖν. Ἐκ δὲ τοῦ τὰ μὲν Ἑλληνικὰ πιστῶς, τὰ δὲ πρὸς τοὺς θεοὺς εὐσεβῶς, τὰ δ' ἐν αὐτοῖς ἴσως διοικεῖν, μεγάλην εἰκότως ἐκτήσαντο εὐδαιμονίαν. Δημοσ. ὀλυνθιακὸς ὁ τρίτος...

** Tout en proclamant les belles actions et les grands travaux de ces hommes puissants, nous ne dissimulons pas, dans le cours de notre ouvrage, les faits qui diminuent à quelques égards la gloire de ces titres.

Ce beau rôle de la classe opulente et privilé-
giée, ce patronage éclairé, ce patriciat véritable, ne pouvons-nous pas espérer de le voir
dignement rempli parmi nous? Ah! si la mémoire des bienfaits répandus sur la société,
par les Bedford et les Bridgewater, les Fox et les
Chatham, les Portland et les Cavendish, s'unit
avec toutes les idées de génie, de savoir et d'é-
loquence, avec tous les sentiments d'amour du
pays et de zèle pour le prince, avec tous les
souvenirs de services rendus à l'industrie nationale, à la fortune des citoyens, à la puissance de l'état, n'avons-nous pas des noms également illustres à rappeler aux souvenirs de
la France et du Trône ?

Les noms des Colbert et des Vauban, des Molé *, des Séguier **, des Malesherbes et des d'A-

---

* La France n'a point oublié que les plus beaux travaux
publics d'une époque où nous avons élevé tant d'admirables
monuments, au sein de la patrie et chez les peuples con-
quis, eurent un Molé pour directeur général. Si parmi les
moindres travaux entrepris dans un but d'utilité, il pouvait nous être permis de citer nos voyages dans la Grande-
Bretagne, et l'ouvrage qui en est le fruit, ce serait pour
nous un devoir de dire, ici, qu'ils ont trouvé le plus
noble encouragement, lorsque le comte Molé dirigeait
le ministère de la marine.

** C'est une chose digne d'attention, que de voir, aujourd'hui, deux frères de ce nom ; l'un qui préside à la

guesseau, des Lauraguais, des Choiseul * et des
La Rochefoucault, tous ces noms ne vivent-ils
pas encore au milieu de la France? Les travaux
publics et l'industrie des citoyens, ne s'hono-
rent-ils pas encore de leurs secours? Et les
garanties de nos plus belles institutions, n'ont-
elles pas aussi pour soutiens la plupart des familles que décorent ces noms? Des familles
qui rappellent à notre gratitude ces pères du

---

justice, dans la première cour royale de la France, et
qui sur son tribunal ne sait rendre que des arrêts ; l'autre, consul général de nos intérêts, en Angleterre, et
qui, dans ce poste important, ne sait rendre que des services : les uns généraux , à notre patrie, pour l'enrichir
de tout ce qu'il observe d'utile dans un pays qu'il connaît
parfaitement ; les autres particuliers, aux négociants et
surtout aux voyageurs français. C'est à ce dernier titre
que je dois témoigner ma gratitude envers le baron Séguier, pour la communication de ses lumières , de ses
observations et de ses manuscrits, sur le commerce et
sur l'administration de la Grande-Bretagne, .

 * On ne sait pas assez, parmi nous, que les routes ma-
gnifiques, ouvertes, depuis la capitale jusqu'aux points
principaux de notre frontière , ont été faites la plupart
sous le ministère du duc de Choiseul, l'un des premiers
hommes d'état du dix-huitième siècle ; de ce siècle qui,
dans le cours d'une seule génération, fit voir en trois
autres ministres, Turgot, Necker et Malesherbes, autant
de talents et plus de vertus, que dans les ministères des
époques les plus brillantes de la monarchie.

peuple et ces appuis du trône, qui, L'Hôpital dans les conseils, Montausier à la cour, et Sully dans les camps, comme à la garde du trésor, consolidaient l'autorité suprême, par les directions de leur génie supérieur, et par la résistance tutélaire de leurs austères vertus ! Non, certes, nous ne saurions un seul instant soustraire à notre mémoire des noms qui dans les annales de notre renommée, s'allient inséparablement aux souvenirs de tous nos grands travaux, de tous nos monuments, et des plus beaux traits de notre caractère national. C'est à l'exemple des illustrations antiques, de tracer la carrière aux illustrations modernes; et jamais cet exemple ne restera stérile, sur une terre où l'honneur est le premier des biens et le plus noble des salaires.

A côté des souvenirs qu'a laissés parmi nous la grandeur patricienne, rappelons avec un même orgueil pour la renommée de la France, les œuvres bienfaisantes et les patriotiques entreprises des Jacques Cœur, des Riquet, des Laborde, des Beaujon, des Turgot, des Necker, et de tant d'autres hommes, qui, s'illustrant à des époques plus récentes encore, ont marqué par leurs travaux, leurs mœurs et leur génie, les titres de leurs familles, et le rang désormais historique de leur postérité.

Mais ne cherchons pas seulement pour la pa-

trie, des gloires isolées, et des célébrités héré-
ditaires. Étendons nos regards, avec une égale
faveur, sur toutes les classes de la société;
cherchons à répandre un généreux esprit d'association tourné vers l'entreprise des travaux
utiles à la patrie. Alors nous verrons se for-
mer des liens d'intérêt commun, d'amitié privée, d'estime particulière, entre tous les rangs,
au milieu de tous les partis; et peut-être la
concorde publique, avec la fortune et la force
de l'état, seront la conséquence moins éloignée
qu'on n'oserait l'espérer, des rapprochements
et des associations dont nous voudrions pouvoir, en cet instant, montrer dans tout leur
jour, les immenses bienfaits.

Ceci n'est point une vaine utopie. Chez le peuple dont nous étudions les prospérités, une expérience grande, éclatante, a montré le pouvoir de
ces occupations fortunées, pour adoucir l'âpreté
des passions politiques, et ramener la paix intérieure par le bien-être général. Après la ré-
volution de 1688, après la rébellion de 1745,
que de plaies saignaient dans tous les cœurs; et
que de souvenirs divers ulcéraient toutes les
âmes! Alors survint une utile diversion. Les
citoyens de toutes les classes, conviés par un
gouvernement habile, à tourner l'ardeur con-
contrée qui dévorait les esprits, vers des objets
d'utilité commune, firent trêve à leurs cruels

discords. Des Whigs et des Torys s'entendi-
rent, d'abord, sur l'amélioration du cours de
quelque fleuve, sur la direction de quelque
route, sur la création de quelque port. Chaque
parti s'aperçut, avec étonnement, qu'il n'était
pas vrai que lui seul eût voulu le bien général,
et la gloire de l'état, et la fortune publique. Cha-
cun garda, sans doute, l'attitude sociale où le
plaçaient son caractère et ses idées; les uns con-
tinuèrent de servir la patrie sous l'ombre ma-
jestueuse de la prérogative, et les autres aux
clartés de leurs vertus populaires. Mais, pla-
çant avant tout l'amour du pays, uni dans leur
cœur au dévouement pour le prince, ce sentiment devint dans les âmes, la source d'une
heureuse sympathie ; la tolérance entra dans
les croyances politiques, comme elle était en-
trée dans les croyances religieuses; et l'Anglais, en peu d'années, affranchi de l'état humi-
liant d'un peuple vaincu, non-seulement hors
de chez lui * par des héros français, mais
sur son propre territoire, et par des monta-
gnards sans expérience, s'élève à l'état glo-
rieux ** d'un peuple qui dicte au continent,

---

* A Fontenoy.
** On sait qu'aujourdhui les Anglais sont déchus de
cette gloire : cela tient à des causes étrangères au commerce, et que je tais pour cette raison.

les lois de la guerre et de la paix. Tant est grande au dehors, la prépondérance d'un empire qui fait fleurir l'industrie et le commerce, au foyer vivifiant du patriotisme et de la concorde!

Si nous invitons nos concitoyens à suivre la route où, depuis un demi-siècle, l'Angleterre a marché pour son bonheur et sa fortune, ne croyez point, Messieurs, que nous voulions par-là faire descendre la France au rôle subalterne d'imitatrice. Sur le grand intérêt qui nous occupe, comme sur tout autre intérêt, public ou particulier, la France, loin de les recevoir a donné les exemples de ce qu'il est beau d'entreprendre. Les étrangers ont dû commencer par l'imiter, pour s'efforcer d'atteindre à sa hauteur; et si parfois ils l'ont surpassée, c'est alors seulement qu'elle a cessé de s'imiter elle-même. Mais, au lieu de louer la patrie par de vaines paroles, laissons parler les faits.

Le moyen âge était barbare encore, et déjà Charlemagne apprenait à son siècle, qu'un canal ouvert entre les sources rapprochées du Danube et du Rhin, pouvait unir l'Euxin à l'Océan, et le nord de l'Europe à l'occident de l'Asie. Henri IV est le premier, chez les modernes, qui passa de la conception à l'exécution pour joindre par un canal, des bassins que sépare une chaîne de montagnes. Du même génie dont il méditait l'alliance des rois pour le bonheur des nations, il méditait l'alliance des mers pour la prospérité des continents, lorsque l'assassinat vint trancher le cours de ses projets qui traçaient à l'Europe, la véritable route de la civilisation, et des prospérités sociales. Deux générations de grands hommes, sous son fils et son petit-fils, suffisent à peine, pour réaliser la moindre partie de ses desseins *. Les ouvrages admirables, entrepris durant son règne, pour joindre la Seine à la Loire, travaux interrompus trente années, depuis la disgrâce de Sully, c'est-à-dire, depuis les funérailles de son royal ami, Richelieu les conduit à terme. Richelieu révèle aux monarchies européennes, tout l'avan-

---

* On sera curieux sans doute de voir les desseins de Henri IV, sur les travaux publics et sur la navigation, transmis à la postérité, dans une pièce de vers qu'on trouve parmi les Mémoires de Sully :

> Henry dont les vertus n'eurent point de pareilles,
> Qui ne cessoit jamais de faire des merveilles,
> Quand il eut établi la France en liberté,
> Voulut, par actions dignes d'éternité,
> Établir des lecteurs, lever des librairies,
> Réparer tous les ponts, les pavez, les voiries,
> Dessécher les marais, évacuer les eaux,
> Conjoindre les deux mers, faisant divers ruisseaux,
> Et couper monts et rocs avec un tel mesnage
> Qu'on auroit admiré l'inventeur et l'ouvrage.

(1er. vol. *Économies royales*, tome, I, p. 616, édit. in-folio. Amsterdam.)

tage national, de concéder aux citoyens, le domaine et l'exécution des voies intérieures de la navigation artificielle. Colbert, dans les beaux jours d'un règne qui lui dut tant de splendeur, fait voir aux peuples modernes, comment on peut réunir l'Océan à la Méditerranée, en favorisant le zèle et laissant agir le génie d'un simple particulier *; et le grand Corneille immortalise, par des chants dignes du siècle d'Auguste, la grandeur de ces travaux.

Enfin, Louis XIV, législateur de ces mêmes travaux, ordonne qu'un jury composé des plus notables habitants, accordera par un arbitrage conciliateur, tous les différends à naître sur la propriété de la nouvelle voie publique et des biens limitrophes; et, cent ans plus tard, l'Angleterre, retrouvant là le génie de ses lois, s'est honorée de suivre cet exemple.

Eh! nous, mes chers concitoyens, nous Français! serons-nous les moins empressés à suivre les exemples légués à la postérité, par les beaux règnes de Henri IV et de Louis XIV? Laisserons-nous l'étranger jouir, plus que nous-mêmes, du plagiat d'une prospérité inventée par nos ancêtres? et ne ressaisirons-nous point une des palmes de notre gloire héréditaire?

Nous la ressaisirons : déjà des succès obtenus

---

* De Riquet, si bien secondé par Andréossy.

par d'utiles citoyens, autorisent cette espé-
rance. Une simple compagnie vient d'achever,
avec rapidité, l'un de nos plus beaux monuments : le plus grand, le plus hardi de nos
ponts, jeté sur la Gironde, pour la cité de
Bordeaux, le Liverpool du midi. Une autre
compagnie va joindre par une route en fer, les
ateliers, les usines et les fabriques de Saint-
Étienne, avec les rives du Rhône, au voisinage
de Lyon ; afin d'ouvrir une communication digne de notre industrie, entre le Birmingham et
le Manchester de la France. Aux portes de
Paris, trois compagnies ont entrepris trois canaux ; et d'autres sont formées, dans le même
dessein, sur d'autres points de notre territoire.

En contemplant ces travaux, si dignes d'é-
loges, nous croirions-nous déjà voisins du
terme de nos efforts ? Jugeons-en par l'avance
de nos émules. Nous allons avoir cinq lieues de
routes en fer, et nos rivaux en ont cinq cents ;
nous allons avoir, dix, quinze compagnies pour
des navigations artificielles, et nos rivaux en
ont cent..... Chez nous, l'autorité se voit encore dans la nécessité d'exécuter elle-même, à
plus grands frais et plus lentement, des travaux
que des particuliers, unissant leurs moyens,
entreprendraient avec tant de succès, s'ils en
avaient la noble ambition.

Certes, c'est du fond de notre cœur, que

nous rendons, avec toute la France, des actions de grâces au pouvoir, lorsqu'il supplée, autant qu'il est en ses efforts isolés, au génie d'entreprise, à l'émulation laborieuse qui devraient animer l'universalité des citoyens. Mais un plus grand service à rendre, c'est * d'encourager, c'est d'exciter dans les âmes, ce génie productif et cette émulation générale, et cette combinaison, cette harmonie d'efforts individuels, qui changent la face de tout un territoire, en faisant de toutes parts naître, à la fois, les prodiges des arts et de la civilisation.

O mes compatriotes, c'est au nom de la gloire, si chère à tous les cœurs magnanimes, que la France elle-même vous convie à la lutte nouvelle où des victoires illustres, bienfaisantes, vous attendent. Jadis, au temps des justes défenses, nous avons dompté des peuples aggresseurs, et pour vengeance immortelle, reprenant l'œuvre des Pharaons, des Césars et des Rois, nous avons enrichi les bords du Nil et du Tibre, et du Rhin, par des monuments consacrés au bien-être des vaincus. Surpassons, dans nos travaux pour la patrie, nos travaux

---

* C'est aussi de faire disparaître cette foule d'entraves obscures mais puissantes, derniers et tristes vestiges de tous les despotismes que nous avons subis, depuis trente ans.

pour l'étranger. Sachons être grands et par nous et pour nous-mêmes. Ne laissons point la fatigue de tout faire, en notre faveur, à la main qui nous régit. Osons disputer avec elle, d'habileté, de vigueur et de constance, pour triompher des obstacles de la nature, et l'asservir à nos besoins sociaux. Voilà des conquêtes dignes du plus civilisé des peuples, dignes de l'ambition des plus éclairés d'entre les hommes ; et, tous, nous pouvons prendre part à ces conquêtes, selon les moyens grands ou faibles de notre fortune ou de notre talent ; afin d'acquérir un honneur collectif et national, au milieu duquel s'élèveront des renommées dont s'enorgueillira la France.

Pour montrer par le précepte de l'exemple, les avantages immenses d'une voie d'association dans laquelle nous essayons avec peine des pas encore incertains, je n'ai point redouté d'offrir à vos regards, le spectacle d'une rivalité qui sert également les nations fameuses et les hommes illustres, en les élevant au-dessus d'eux-mêmes, par la nécessité de l'emporter sur leurs émules. Retracez dans votre pensée, comme un modèle digne de vous, nobles enfants de la France, cette émulation toute héroïque, source d'immortalité pour le grand citoyen qui fut l'honneur et le salut du peuple même que vous faites revivre en sa magnani-

mité comme en son charme social, par l'humanité des mœurs, par l'atticisme de l'esprit, et
par l'amour de la gloire. Sans cesse, ô Thé-
mistocle, une voix intérieure importunait votre sommeil et vous arrachait au repos, en
vous rappelant les trophées de Miltiade, jusqu'à l'instant où vous l'eûtes surpassé par de
plus beaux triomphes ; puisse ma faible voix
avoir cette importunité pour ma patrie, tant
qu'elle n'aura pas surpassé tous les travaux de
son infatigable rivale !

Gardons-nous de penser, un seul instant, que
ces victoires soient impossibles à notre persévérance. Vous l'avez vu, messieurs, autant l'Angleterre est en avance aujourd'hui, autant, il y
a cinquante années, elle était en arrière de la
France ; et dans l'entreprise et dans l'exécution
des grands ouvrages utiles à l'industrie, indis-
pensables au commerce. Ce qu'elle a fait durant un demi-siècle, nous pouvons le faire, plus
promptement encore. Nous pouvons reprendre
notre rang, en profitant de son expérience ;
comme elle a su profiter de la nôtre. Osons vouloir. Ni l'ardeur et l'activité, ni la science et
le génie, ne manquent à notre heureux pays.
Notre territoire est plus vaste, notre climat
plus beau, notre sol plus fertile. Une immense
frontière et deux mers, ouvrent leurs débou-
chés aux produits des entrailles et de la super-

ficie de notre terre. Mais nous manquons encore, pour arriver à ces limites, de communications intérieures assez nombreuses, assez aisées, assez économiques. Sachons les entreprendre, avec les efforts combinés et les sacrifices communs d'un grand nombre de citoyens. Je dois le dire une dernière fois, en nous livrant à ces travaux d'association, nous cimenterons l'alliance de toutes les classes de l'état, et des individus de chaque classe; et nous marcherons d'un même pas, à l'agrandissement de la force physique, à l'affermissement de la puissance morale de notre patrie.

Efforçons-nous d'atteindre ce but, avant d'arriver au terme de notre carrière. Les hommes de notre génération, suivant le cours ordinaire des mortalités humaines, ont quelques années à vivre. Fasse le ciel, qu'au déclin de leurs jours, ils puissent dire à la génération qui les remplacera : Nous avions reçu de nos pères, une France appauvrie, agitée, déchirée; recevez de nous une France couverte de monuments d'utilité publique, érigés par notre industrie, exubérante de richesses, produites par notre travail; plus riche encore, en vertus, en concorde, en magnanimité. Transmettez à vos neveux cet héritage, agrandi par vous comme il le fut par nous-mêmes; et puissent d'âge en âge, tous les peuples de la terre, éclairés par

notre savoir, enrichis par notre industrie, amé-
liorés par nos exemples, répéter pour la France,
ce vœu qu'un grand homme mourant formait
pour sa propre patrie : *Esto perpetua !* Qu'elle
soit immortelle !....

FIN.

IMPRIMERIE DE FAIN, PLACE DE L'ODÉON.